Worte die im Wind verhallen

Lyrik, tiefgründig und Emotionen auslösend, wundersame Gedankenreisen, die unser Herz berühren und uns ein Lächeln oder auch eine Träne entlocken. Lyrik als Sprachrohr der Seele, die uns für kurze Zeit innehalten und die Alltagssorgen vergessen lässt. Und doch nur ein paar Worte, die, kaum ausgesprochen, schon wieder im Wind verhallt sind.

Raimund Eich

Worte die im Wind verhallen

Gedichtband

Bibliografische Information der Deutschen Nationalbibliothek:
Die Deutsche Nationalbibliothek verzeichnet diese Publikation in der Deutschen Nationalbibliografie; detaillierte bibliografische Daten sind im Internet über http://dnb.dnb.de abrufbar.

© 2016 Raimund Eich

Herstellung und Verlag: BoD – Books on Demand, Norderstedt

ISBN: 9 783 741 282 393

Inhaltsverzeichnis

Vorwort..................................7

Liebe ohne Grenzen...............11

Wolkenbilder........................13

Neinkeije, odder friejer unn heit.............17

Der Täuberich........................21

Wenn der Sommer stirbt................25

Erleuchtung..........................27

Am Ende der Zeit...................29

Tretmühle............................31

Das Fest der Liebe..................35

Auferstehung........................38

Unscheinbar.........................40

Der Turmherr........................42

Buschwerk...........................43

Hoffnungsfunken...................49

Schatten.............................51

Eben warst du noch hier............53

Wartesaal............................55

Fragen...............................57

Nachwort............................59

Vorwort

Bücher mit Gedichten führen auf dem Buchmarkt eher ein Schattendasein, obwohl sich Gedanken, Gefühle und Empfindungen doch kaum ausdrucksstärker darstellen lassen als in Form gereimter oder auch ungereimter Verse. Nur wenige Worte, sorgfältig ausgewählt und zueinander in Beziehung gesetzt, können einen unvergleichlichen Zauber entfalten und Leserherzen höher schlagen lassen.

In Form von Liedern hat die Lyrik weltweit unzählige Anhänger, wohl weil hier das Auslösen von Emotionen oft weit mehr von der Musik als vom Liedtext ausgeht. Bei einem Gedicht wirkt dagegen auf den Leser ausschließlich das geschriebene Wort. Nur wenn es dem Dichter gelingt, mit seinen Worten unsichtbare Bilder oder auch unhörbare Musik im Kopf des Lesers auszulösen und seine Seele zu berühren, ist es ein gelungenes Werk.

Wenn auch der Struwwelpeter und die Verse von Wilhelm Busch auch heute noch „in" sind, so geraten die Werke vieler großer Dichter leider zunehmend in Vergessenheit. Unvergessen bleiben mir dagegen aus meiner Schulzeit „Herr von Ribbeck auf Ribbeck im Havelland" oder „Die Bürgschaft" in Erinnerung, ebenso wie „Das Lied von der Glocke", „Der Erlkönig" oder „John Maynard". Wenn die Schwalbe brennend über den Eriesee flog und der Steuermann John Maynard das Schiff ans rettende Ufer lenkte, bevor er den Heldentod starb, stand ich damals in Gedanken neben ihm. Ähnlich erging es mir bei der Bürgschaft, bei der ich mal in die Rolle des treuen Freundes schlüpfte, der sich dem Tyrannen als Geisel anbot, oder aber mit Damon unterwegs war, der, dem sicheren Tod geweiht, noch hinwegeilen durfte, um als letzten Liebesdienst die Schwester mit dem Gatten zu vereinen, und dem zu meiner großen Freude die rettende Rückkehr in letzter Sekunde tatsächlich gelang.

Gedichte stellen für mich beim Schreiben so etwas wie das Salz in der Suppe dar., denn wenn ich ein Prosawerk zu Ende geschrieben habe, kann ich nicht gleich nahtlos zum nächsten übergehen. Zum Auftanken von Gefühlen und Ideen zwischen zwei Geschichten habe ich im Laufe der Zeit immer wieder gerne Gedichte verfasst, von denen ich Ihnen mit dem hier vorliegenden Gedichtband einige vorstellen möchte in der Hoffnung, dass auch sie Ihre Seele zu berühren vermögen, Ich wünsche Ihnen viel Freude beim Lesen.

Raimund Eich

Mit viel Dunkelheit und Kälte ergreift das neue Jahr von uns Besitz. Minustemperaturen, Hagel, Schnee und Eis sind nicht nur meinem Hund, sondern auch mir ein Gräuel. Nur wenn es unbedingt notwendig ist, lassen wir beide uns wie ein Hund vor die Tür jagen und suchen hinterher schnell ein gemütliches und warmes Plätzchen am Kaminofen im Wohnzimmer auf. In Gedanken lebe ich dann gerne meine Kindheitserinnerungen an Schlittenfahrten, an Schneeballschlachten und an in Schnee geformte Kunstwerke aus, von denen auch im folgenden Gedicht die Rede ist.

Liebe ohne Grenzen

Ein Schneemann steht in dunkler Nacht
im Garten hinterm Haus
stocksteif hält er in voller Pracht
Schnee, Sturm und Eiseskälte aus.

Mit Kieselaugen ganz entzückt
er eine Schneemannsfrau erblickt
gleich hinterm Zaun, drei Meter nur
steht sie allein auf weiter Flur.

Mit Möhrennase, buntem Hut
den Schneeballbusen unbedeckt
entflammt sie bei ihm heiße Glut
er hat die Liebe wohl entdeckt.

Der Schneemann möchte zu ihr finden
das kalte Weib gar an sich binden
doch wie gesagt, ihn trennt vom Glück
das vorgenannte Meterstück.

Entflammt vor Liebe schmilzt er hin
und findet sich als Rinnsal wieder
das sickert flugs zur Dame hin
und lässt sich vor derselben nieder.

Als tags darauf die Sonne schien
da rafft es auch das Weib dahin
so sind vereint, man ahnt es schon,
die Zwei in neuer Dimension.

Wenn nach endlos lang erscheinenden kalten und dunklen Wintermonaten die ersten warmen Sonnenstrahlen die Winterkälte vertreiben, erwacht die Natur allmählich wieder zu neuem Leben. Dann drängen wir hinaus ins Freie, um lang vermisste Sonnenwärme aufzusaugen und neue Lebensenergie zu tanken. Ein Blick zum Himmel entschädigt uns dabei für so manche trübe Stunde in der Vergangenheit.

Wolkenbilder

Du liegst im Gras, spürst Frühlingswärme
von sonnenhungriger Erde gespeichert
letzte Winterkälte in dir vertreiben
dich einstimmen auf bewegende Szenen
auf himmlisches Theater bei freiem Eintritt.

Deine Blicke wandern mit Wolken
eine lautlose Regatta von Himmelsbooten
begleitet deine Gedanken auf Reisen
hin zu bizarren Märchenwelten
zu blauen Himmelsmeeren, die
umsäumt von Wolkenküsten
sich in wirren Formationen auflösen
um sich wie von Zauberhand
in graue Wolkenmonster zu verwandeln.

Das sanfte Schweben des Wolkenballetts
abgelöst vom Gruseltanz der Wolkenfratzen
die sich hemmungslos über dir austoben
sich hämisch auszugießen beginnen
und das himmlische Lustspiel jäh beenden.

Mit den ersten Sonnenstrahlen erwachen bei manchen auch die ersten Sommersprossen zu neuem Leben. Ein paar von den lustigen Flecken mögen ja ganz nett sein, aber manch einen trifft es diesbezüglich besonders hart. Ich weiß davon als Kind und Jugendlicher so manches Klagelied zu singen. Doch dafür war die allmähliche Umstellung auf Altersflecken zumindest kein allzu großes Problem mehr für mich.

Ansichtssache

Ne klitzekleine Sommersprosse
ganz blass im Frühjahr sieht man nur
sie klagt: „Ich armer Zeitgenosse
bin so allein auf weiter Flur."
Und in der Tat, wohin man schaut
umgibt sie sich mit weißer Haut.

Und weil ihr dieses nicht gefällt
sie einsam ist in ihrer Welt
so fleht sie heiß in ihrer Not:
„Ach hilf mir bitte, lieber Gott
lass viele Sprossen um mich sein
dann wär´ ich nicht mehr so allein."

Und in der Tat, die Sonne sticht
dem Sprossenträger ins Gesicht
lässt braune Punkte reichlich sprießen
die Sprosse kann´s nur kurz genießen.
Im Nu wird so die Haut gepflastert
und sieht bald aus wie punktgerastert.

Die Haut, sie wird zwar immer bunter
doch geht die Sprosse langsam unter
in einem Riesensprossenheer
und plötzlich sieht sie keiner mehr.
Sie ist noch da, und trotzdem weg
und rührte sich doch nicht vom Fleck.

Fürs Auge bleibt sie so verschwunden
sehnt sich zurück nach trüben Stunden.

Seit meiner Kindheit lebe ich in Neunkirchen. Die Stadt im Saarland, lange geprägt vom Neunkircher Eisenwerk und der Grube König, hat in den letzten Jahrzehnten einen beachtlichen Wandel erlebt, den ich in einem Gedicht in typisch saarländischem Dialekt zu beschreiben versucht habe.

Neinkeije, odder friejer unn heit

Wenn de in die heidisch´ Zeit
von friejer schwärmschd, ihr liewe Leit
menne viel, du wärschd plemm plemm
oder hinnerm Mond dehemm.

Heitzedach denkt ma global
unn macht of international
mir surfe all im Internet
von iwwerall, sogar im Bett.

Geschwätzt, geschrieb werd nur noch Englisch
unn wer´s net kann, probiert´s in Denglisch
vor lauder surfe, chatte, simse
geht manch´ Beziehung in die Binse.

Ma läbt heit faschd nur virtuell
bewehd im Netz sich rasend schnell
doch kenner will of Schuschders Rappe
zu Fuß meh durch die Gehschend tappe.

Friejer ging´s ganz ohne Bits
computerlos, das is kenn Witz
of eichene Fieß, für Groß unn Klähn
bis ganz enuff zum Ewerschdähn.

In Neinkeije senn jung unn alt
schbaziere in de Kasbruchwald
bis Menschehaus oder zum Zoo
es war halt friejer ähnfach so.

Am Samschdach ging´s ins Ellefeld
se war noch heil, die Fußballweld
unn bundesweit, im ganze Land
war die Borussia wohlbekannt.

Sonndachs ging´s erschd in die Kerch
unn dann no Stähnbach of de Bersch
odder no Heinitz an de Weier
das war net weit unn garnet deier.

Zum Worschdmarkt mol no Illinge
mem Fahrrad bis no Dirminge
mem Käfer, noch met OTW
zum Zelde an de Bostalsee.

Unn hott ma dort emol die Flemm
war ma ruck-zuck wedder dehemm
trotz viel Krach unn Hiddedreck
wollt ma nie fa lang ewegg.

Heit gebt´s kenn Hidd unn kenn Grub Kenisch
unn Arwetsplätz gebt´s nur noch wenisch
kenn Schlossbräu gebt es meh vom Büchel
unn aach vom Köppel kenn meh Zischel.

Elektrisch konnt ma friejer fahrn
noch met de schdädtisch Schdroßebahn

de Hiddebersch nuff of die Scheib
aach manchmol bloß zum Zeitvertreib.

Im Winder ging´s met Zehnerkard
aach öfder mol ins Hallebad
im Berschmannsheim beim Jugenddanz
do bliewe Disch unn Schdiehl noch ganz.

Ma kennt noch viel von friejer schwärme
das würd die Junge net erwärme
denn dene is „Es war einmal"
zu alle Zeide worschdegal.

Die Weld dräht sich halt jede Dah
unn nix bleibt so wie es mol war
es Läwe halt uns so in Schwung
zerick bleibt nur Erinnerung.

In der warmen Jahreszeit liebe ich es, in meiner Heimatstadt in einem Straßencafé oder am Brunnen auf dem Stummplatz zu sitzen und dem Treiben um mich herum zuzusehen. Hier finde *ich oft die notwendige Muse und Inspiration zum Schreiben, wie beispielsweise für das folgende Gedicht.*

Der Täuberich

Am Stummplatz steht Freiherr von Stumm
auf hohem Sockel steif herum
mit Hut und Mantel steht er da
bei Wind und Wetter, Jahr für Jahr.

Zum Stummplatz richtet er den Blick
dem edlen Manne sitzt im Genick
ein Täuberich ganz ungeniert
Carl Ferdinand ihn ignoriert.

Den Taubenmann, er ist noch jung,
drängt´s sichtlich nach Erleichterung
und so verziert des Freiherrn Jacke
er flugs mit weißer Taubenkacke.

Nachdem das Denkmal er geschändet
des Übeltäters Blick sich wendet
´ne Taubenfrau am Brunnen sitzt
bei der er oft schon abgeblitzt.

Dennoch hat er sie auserkoren
sein Spiel gibt er noch nicht verloren
so fasst er sich noch einmal Mut
und flattert hin, voll Liebesglut

verbeugt er sich und wirft ihr zu
ein leidenschaftliches Guru
dreht sich sodann vor Liebe heiß
wie verrückt vor ihr im Kreis.

Die Dame scheint ihn zu erhören
und lässt sich nun von ihm betören
und so vollzieht von Gier gepackt
er hemmungslos den Liebesakt.

Verrauscht ist schnell die Leidenschaft
der Täuberich mit letzter Kraft
auf Freiherrns Schultern kehrt zurück
erholt sich dort vom Liebesglück.

Gern ruht er sich auf andren aus
und macht sich überhaupt nichts draus
dass Lüste ihn zuweilen packen
was anderes fänd´ er bloß zum Kacken.

So macht der Taubenmann zunichte
selbst die Moral von der Geschichte.

Selbst der schönste Sommer geht irgendwann einmal zu Ende. Eine Zeit, die mich immer wieder mit etwas Wehmut befällt, weil es dann Abschied nehmen heißt von langen Tagen mit viel Sonnenlicht und Wärme. Doch der Wandel der Jahreszeiten bestimmt nun mal den Lauf der Zeit in unseren Breitengraden. Zum Glück hat jede Jahreszeit ihre Reize und sorgt auch so für Abwechslung in unserem Leben.

Wenn der Sommer stirbt

wenn die Gluthitze, die sich
wie eine unsichtbare Glocke
über das ganze Land gelegt
mich gelähmt und mir
den Schweiß aus allen
Poren getrieben hat

wenn einst saftige Wiesen
gelb verbrannt sind und
Blätter sich bunt verfärben
um nur darauf zu warten
vom Wind entrissen und
fortgetragen zu werden

wenn Nebelbänke im Morgengrauen
sich wie ein Schleier
über das Land legen und
Bäume und Sträucher in Watte verpackt
sehnsüchtig darauf warten
von der Sonne befreit zu werden

wenn ihm die Kraft ausgeht
um Mensch und Natur
weiter in Bann zu halten
dann naht sein Ende unerbittlich
dann beschleicht mich die Wehmut
wenn der Sommer stirbt

Ein Blick in den Sternenhimmel gleicht einer himmlischen Nachtvorstellung und ermöglicht Zeitreisen in die Vergangenheit. Viele Jahre ist das Licht von weit entfernten Planeten im All, unterwegs, so dass wir sie noch wahrzunehmen vermögen, wenn sie schon längst nicht mehr existieren. Ein faszinierender Gedanke.

Erleuchtung

Sterne, winzige Leuchtpunkte nur
funkelnden Diamanten gleich
auf blauschwarzem Samt
schmücken das Himmelszelt

Stillstand in Bewegung
unmerklich, kaum spürbar
und doch rasend schnell
ohne Anfang, ohne Ende

Blicke in die Vergangenheit
Sein oder nur noch Schein
unendliche Wahrnehmung
von der Dämmerung ausgelöscht

Die Zeit läuft uns allen davon, und doch ist letztlich nur sie beständig. Wir müssen ständig mit ihr gehen, ob wir wollen oder nicht. Ein Verweilen im Jetzt ist unmöglich, denn die Gegenwart ist nichts weiter als ein winziger Augenblick nach der Vergangenheit und vor der Zukunft. Macht die Zeit wirklich nur vor dem Teufel halt? Was bleibt von uns, wenn wir eines Tages unseren letzten Weg alleine antreten müssen?

Am Ende der Zeit

Zeit, unaufhaltsam, vergänglich
Tage verrinnen wie Körner
in der Sanduhr des Lebens
hinterlassen oben Leere und
schaffen Raum für Gedanken.

Unten wächst die Vergangenheit
Erinnerungen als Schüttgut
ständig von Neuem überdeckt
unaufhaltsam steigt so
der Grat der Erkenntnis.

Wenn die Lebensquelle versiegt
was folgt dem letzten Sandkorn
nur noch ein Schlusspunkt
hat wirklich alles ein Ende
am Ende der Zeit?

Der Alltag hält die meisten von uns ständig auf Trab. Stillstand wird als Rückschritt empfunden. Die Zeit drängt und es gibt noch so viel zu erledigen. Wir richten unser Leben auf die Zukunft aus und vergessen dabei oft, den Augenblick zu genießen, gerade so, als wollten wir ewig weiterleben.

Tretmühle

Montag morgens stets dasselbe
Start zum Wochen-Hürdenlauf
doch auch kaum vom Ei das Gelbe
ist der Dienstag tags darauf.

Schon am Mittwoch stellt man fest
die Woche gibt mir noch den Rest
und findet auch nur dann und wann
am Donnerstag was Gutes dran.

Der Freitag lässt zwar etwas hoffen
zwei freie Tage stehen ins Haus
doch ich gestehe es ganz offen
das reicht nicht vorn und hinten aus.

Denn der Gedanke an den Montag
lässt mich auch nicht am Samstag los
und ich denk´ mir schon am Sonntag
bald geht der Trott von vorne los.

Drum frag ich mich ob´s besser sei
hätt´ man stattdessen niemals frei
dann liefe man im Hamsterrad
tagaus, tagein, von früh bis spat

ersparte sich in Treters Mühle
für immer Montagsfrustgefühle.
Im Hamsterrad, das wär' doch heiter
ging man voran und käm' nicht weiter.

Ging man statt dem im Rad zurück
bewegt sich's letztlich auch kein Stück.
Man liefe sich die Sohlen heiß
in einem wahren Teufelskreis.

Endlos ging' es, Schritt für Schritt
so bliebe man auf Dauer fit
das Leben nähme nie ein Ende
doch immerfort 'ne neue Wende.

Die Weihnachtszeit ist für viele von uns die schönste und besinnlichste Zeit des Jahres. Doch die Vorbereitungen auf das Weihnachtsfest sind auch mit viel Arbeit, Stress und Hektik verbunden. die sich in den drei folgenden Gedichten in heiterer und besinnlicher Form widerspiegeln.

Das Fest der Liebe

Neigt sich das Jahr mit Macht zu Ende
denkt jeder schon mit Hochgenuss
ans Weihnachtsfest, das dieses Jahr
das Allerschönste werden muss.

Doch vor Erfolg, wie jeder weiß,
da setzen Götter erst den Schweiß.
Drum wird strategisch vorbereitet
wie man das große Fest bestreitet.

Man konzentriert zunächst die Kräfte
durchforstet Dutzende Geschäfte
denn bei der Suche nach Geschenken
gibt es so manches zu bedenken.

Das geht für Tage oder Wochen
ganz gehörig in die Knochen.
Zurück kehrt man vom Beutefang
als reich beladener armer Mann.

Versteckt wird nun der Gabenschatz
an einem streng geheimen Platz,
was fehlt ist noch ein Baum voll Tannen
so macht man sich erneut von dannen.

Doch lange man vergeblich sucht
die Schönsten sind schon ausgebucht
es bleibt fürs große Weihnachtsfest
nur noch ein kümmerlicher Rest.

Den gilt es festlich nun zu schmücken
doch das hat leider seine Tücken
der Baumschmuck ist schier unauffindbar
doch das Problem ist überwindbar.

Man schleppt sogleich mit letzten Kräften
sich zu den Christbaumschmuckgeschäften
denn schwerlich wäre zu verschmerzen
ein Baum ganz ohne Schmuck und Kerzen.

Man eilt zurück und schmückt mit Stolz
das auserwählte Festtagsholz
wirft selbst sich noch in edlen Zwirn
und zermartert sich das Hirn.

Wo sind die Gaben bloß versteckt
der Fundort wird erst spät entdeckt.
Bis man sie endlich hat gefunden
vergehen locker ein ... zwei Stunden.

Doch dann wird jeder reich bedacht
in dieser stillen heil´gen Nacht
jedoch bereits beim Weihnachtspunsch
hört man so manchen Umtauschwunsch.

Die Gaben, die man ausgewählt
sie haben wohl ihr Ziel verfehlt.

Es recht zu machen jedermann
ist halt 'ne Kunst, die keiner kann.

Dem edlen Spender gibt's den Rest
so klingt es aus, das Weihnachtsfest.

Auferstehung

Wer schleicht so spät entlang am Zaun
ein finstrer Kerl, stark wie ein Baum.

Zwei Augen späh´n durch Zaunes Latten
im fahlen Licht ein dunkler Schatten
sich tief gebeugt nach vorne pirscht
Schnee unter seinen Sohlen knirscht.

Der Schatten hält am Zaune inne
er hat wohl Böses nur im Sinne
die rechte Hand streckt er hervor
und öffnet rasch das Gartentor.

Es knarrt und ächzt in stiller Nacht
doch keiner ist wohl aufgewacht.
Der Schattenmann mit schnellem Schritt
den dunklen Garten nun betritt.

Man sieht in seiner Hand, der linken
´ne scharfe Axt im Mondlicht blinken
dann plötzlich still der Schatten steht
sein Opfer hat er nun erspäht.

Er holt mit Macht zum Schlage aus
macht zartem Leben den Garaus
mit einem Schlag hat unser Held
sein Opfer gnadenlos gefällt.

Und schleift es dann, oh Schreck, oh Graus
so schnell es geht zum Tor hinaus
dann öffnet er, man hört es kaum
vom Wagen rasch den Kofferraum.

Es wirft hinein der Schattenmann
mit Wucht sein Opfer er sodann
und macht sich schleunigst aus dem Staub.
Ein letzter Satz noch mit Verlaub.

Am gleichen Abend, wunderschön
sah man das Opfer aufersteh´n
so festlich war es anzuschau´n
als strahlend bunter Weihnachtsbaum.

Unscheinbar

Lametta, Sterne, bunte Kugeln
die zieren einen Weihnachtsbaum
doch eine simple Wunderkerze
beachtet man meist kaum.

Hängt sie bloß 'rum am Tannenzweig
als unscheinbares graues Ding
dann ist ihr Unterhaltungswert
fürwahr nur sehr gering.

Doch steckt man an den grauen Zunder
sprüht Funken er, es qualmt und zischt
das Ding wird jetzt so richtig munter
der Baum erstrahlt im Kerzenlicht.

Die Kerze sprüht in vollem Glanz,
brennt glitzernd so nach unten
erlischt abrupt im Sternenglanz
wenn sie ihr End' gefunden.

Was eben noch so wunderbar
ist nun schon wieder unscheinbar.

So ist nun mal der Lebenslauf
Beachtung findet der zuhauf
der strahlend glänzt in hellem Licht.
Die Unscheinbaren sieht man nicht.

Heinz Erhards Wortakrobatik war meisterhaft und sein Humor umwerfend. Wer erinnert sich nicht gerne mit einem Lächeln auf den Lippen an Ritter Fips mit seiner Rüstung und seinen Sturz über die besagte Brüstung, oder auch an die arme Made mit dem Kinde hinter eines Baumes Rinde. Jeder Versuch, Heinz Erhard oder auch Wilhelm Buschs Meisterwerke der Dichtkunst nachahmen zu wollen, wäre zum Scheitern verurteilt. Doch inspirieren lassen von diesen unvergessenen Poeten darf man sich natürlich, und dabei sind die beiden folgenden Gedichte entstanden.

Der Turmherr

Es lebte einst ein Holzwurm
einsam in einem Holzturm
auf seinen Turm aus Fichtenholz
da war der Holzwurm mächtig stolz.

Doch eines Tages erblickte er
unten am Turme ein Würmerheer
gierig am Holze schmatzen
das ließ ihn vor Wut fast platzen.

Hinab schleuderte er in blinder Wut
nach Burgherrenart heiße Holzofenglut
zwar ließ sich der Feind so vertreiben
doch besser ließ er dies bleiben.

Der Turmherr schlug sich zwar recht wacker
denn im Nu waren alle Würmer vom Acker
doch dafür stand sein Turm in Flammen
und brach mit lautem Getöse zusammen.

Der edle Turm aus Fichtenholz
soeben noch des Holzwurmes Stolz
vom Feuer statt von Würmern zermalmt
es bleibt nur noch Asche, die stinkt und qualmt.

Er grübelt noch lange über des Unglückes Sinn
dabei war doch heute nur einfach der Wurm drin.

Buschwerk

Meisterhaft hat viele Possen
er in Reime eingegossen
was einst entsprang aus seiner Feder
kennt noch heute fast ein jeder.

Von bitterbösen Missetaten
hat Wilhelm Busch uns viel verraten
in Schmunzelversen nett verkleidet
worunter manches Opfer leidet.

Es geht in des Poeten Streichen
mitunter sogar über Leichen
Wilhelm Busch hat gern verdichtet
wie sich Böses selber richtet.

Gräueltaten mit Humor
brachte er zuhauf hervor
doch stets aus seinen Werken spricht
auch die Moral von der Geschicht´.

Von Max und Moritz, den zwei Helden
sind sieben Streiche zu vermelden
ein Opfer war die Witwe Bolte
der Schlimmes widerfahren sollte.

Hühner waren der Boltes Glück
verendet sind sie gleich am Stück
elend erhängt im Apfelbaum
die Übeltäter stört dies kaum.

Die Witwe gibt das Vieh verloren
und lässt es in der Pfanne schmoren
doch schnell ist auch der Braten hin
herausgeangelt vom Kamin.

Das Weib erleidet so dabei
der üblen Streiche letztlich zwei
ein dritter Streich den Schneider traf
als unter ihm der Steg einbrach

angesägt von üblen Wichten
die schmähend vor dem Alten flüchten
der kühlt derweil in nasser Flut
zuvor entfachten Zorn und Wut.

Den Lehrer Lämpel trifft sogleich
der bösen Buben vierter Streich
sein Pfeifchen birst mit lautem Knallen
und lässt ins Leid den Lämpel fallen.

Auch Onkel Fritz geht´s an den Kragen
ihn Käferheere heftig plagen
er will sich nur im Bett erquicken
derweil ihn Krabbeltiere zwicken.

Der sechste Streich beim Zuckerbäcker
für Max und Moritz ist nicht lecker
in Teig gehüllt sieht man die Beiden
gluterhitzt im Ofen leiden.

Erbarmen gibt´s ein letztes Mal
dann endet´s doch im Jammertal
die Zwei zerschneiden Müllersäcke
drauf bringt der Müller sie zur Strecke.

Vom Mühlrad werden sie zermahlen
müssen für üble Streiche zahlen
mit Missetätern wär´s zu Ende
wenn man bei Busch nicht andre fände

wie Huckebein, den bösen Raben
gefangen einst von einem Knaben
zum Dank stiftet der Rabenmann
viel Unheil bei der Tante an.

Doch dann passiert ihm ein Malheur
im Glas entdeckt der Hans Likör
tief taucht er seinen Schnabel rein
das Schlürfen ließ er besser sein.

Denn so verliert der Hans alsbald
die Fassung und auch noch den Halt
fällt mit dem Strickgarn gar vom Tisch
und dabei stranguliert er sich.

So trägt er sich, der Unglücksrabe
im freien Fall gleich selbst zu Grabe
drum gilt auch für die Vogelwelt
dem Suff man leicht zum Opfer fällt

Auch war, fast hätte ich ´s vergessen
Helene von dem Stoff besessen
die Fromme hat man sie genannt
bis sie ein schlimmes Ende fand.

Der Schabernack trieb sie erst an
hinzu kam Fleischeslust sodann
in Sünde fiel das holde Weib
fürwahr ein schöner Zeitvertreib.

Als dann verstarb der Ehegatte
und auch die Liebschaft, die sie hatte
brachte der Kummer sie zum Glück
zwar auf den Tugendpfad zurück

doch Kummer hin und wieder treibt
sodass man sich etwas einverleibt
benebelt wurd´ in finstrer Nacht
das Weib vom Feuer hingerafft.

Von grausam heiteren Gedichten
gäb´ es noch manches zu berichten
doch lass ich´s hiermit mal bewenden
um mit des Meisters Spruch zu enden:

Das Gute - dieser Satz steht fest -
ist stets das Böse, was man lässt!

Die Hoffnung ist ein unverzichtbarer Begleiter in unserem Leben. Wir alle leben jeden Tag aufs Neue in der Hoffnung auf etwas Besseres, auf Glück und Reichtum, auf Gesundheit und Erfolg und auf vieles mehr, denn die Hoffnung stirbt bekanntlich zuletzt.

Hoffnungsfunken

Straße des Lebens
Achterbahn der Gefühle
im Steilflug hinauf
der Aufstieg ans Licht

dann ein Absturz ins Leere
in Schwindel erregenden Wirbeln
endloses Drehen und Wenden
ohne jede Orientierung

Lust und Angst zugleich
sanftes Ausgleiten, Stillstand
flackernde Lichter am Ende
Hoffnungsfunken?

Was wird mir der morgige Tag alles abverlangen, fragen wir uns zuweilen, wenn sich der Tag zu Ende neigt und uns nur noch die Nacht vor neuen Herausforderungen trennt. So vieles wollte man eigentlich erledigen, und hat doch so vieles nicht geschafft, was es als Hypothek in den neuen Tag mitzuschleppen gilt. Angst und Beklemmung vor dem Morgen machen sich breit.

Schatten

Noch spüre ich sie über mir
noch wärmen ihre Strahlen meine Haut
durchdringen mich tief
geben mir Kraft und Zuversicht.

Die Gipfelstation längst verlassen
neigt sie sich wieder herab
unaufhaltsam zum Horizont strebend
und sich mit ihm zu vereinen.

Ständig wechselt ihr Farbenkleid
längst hat sich grelles Weiß
in goldenes Gelb verwandelt
um dunklem Rot zu weichen.

Versinken hinter der Linie zum Nichts
hat sie längst schon beschlossen
sie gehen zu lassen fällt mir schwer
Wehmut will Unabänderliches verhindern.

Schatten, Vorboten der Nacht, ergreifen mich
saugen letzte Wärme aus mir heraus
rauben mir allen Mut
den ich so brauche für morgen.

Abschied nehmen fällt schwer und es tut schrecklich weh, wenn man sich von einem geliebten Menschen trennen oder für immer Abschied nehmen muss. Abschied nehmen heißt, Vertrautes loslassen und Neues, Ungewohntes und Unbekanntes annehmen zu müssen. Nichts ist im Leben von Dauer, nicht einmal das Leben selbst. Und trotzdem geht es immer weiter.

Eben warst du noch hier

Eben warst du noch hier
doch jetzt, nur ein leerer Raum
öde und verlassen
nur noch ein zarter Hauch
kaum wahrnehmbar, ein Duft von dir
der ihn durchdringt, mit Liebe wärmt
Liebe, die ich so brauche
die mir Kraft gibt und Mut macht
um den nächsten Tag
ohne dich zu überstehen.

Doch der Duft verflüchtigt sich
wird abgelöst von Nebel
ein wabernder grauer Schleier
legt sich unaufhaltsam über mich
umhüllt mich, nimmt mir den Atem,
saugt Liebe und Wärme aus mir heraus
lässt mich vor Kälte erschauern
vergeblich, sich dagegen zu wehren
Nebel gefriert unaufhaltsam zu Eis
lässt mich für immer erstarren.

Wer sich im Alter alleine nicht mehr zurechtfindet oder auf Betreuung und Pflege angewiesen ist, für den bleibt als letzter Schritt oft nur der Weg in ein Seniorenheim. Meine schmerzhaften Empfindungen bei Besuchen in einer derartigen Einrichtung habe ich versucht, in folgendem Gedicht darzulegen.

Wartesaal

Angst und Beklemmung
überfallen mich
wenn ich ihn betrete.
den Licht durchfluteten Raum

den Helligkeit und Wärme
dennoch nicht durchdringen
weil unsichtbare Finsternis
lebende Tote umgibt

Ausrangierte Marionetten
auf Abstellgleisen des Lebens
warten schweigend im Chor
auf ihre Befreiung

Zum Warten Verdammte
im Wartesaal zum Jenseits
hoffnungslos verloren
bis ans Ende der Zeit

Das Leben stellt uns immer wieder vor Herausforderungen, an denen wir mitunter zu zerbrechen drohen. Wie wir das Leben am besten meistern können wirft permanent Fragen auf, auf die wir bei weitem nicht immer die richtigen Antworten zu finden vermögen.

Fragen

oft gestellt, doch meist vergeblich
sind Fragen nach des Lebens Sinn
wo liegt das Glück und wonach streb´ ich
und wie komme ich dorthin

kann ich die Hürden überspringen
ertrag´ ich, was das Schicksal bringt
wird alles immer nur gelingen
naht Rettung, wenn mein Schiff mal sinkt

was soll ich tun, was muss ich lassen
zu oft erschließt es mir sich nicht
wen soll ich lieben oder hassen
kommt Wahrheit wirklich stets ans Licht

lohnt Redlichkeit und sich bemühen
zahlt Mitgefühl sich immer aus
soll ich am selben Strange ziehen
wär´s besser nicht, ich klink´ mich aus

führt mich der Weg auch an mein Ziel
werd´ ich es irgendwann erreichen
war es zu wenig, war´s zu viel
wird´s für die letzte Prüfung reichen

werd´ Früchte ernten ich am Ende
die Frage, die zum Schluss sich stellt
wohin führt mich die letzte Wende
wird irgendwann mein Geist erhellt

Nachwort

Ich hoffe sehr, dass Ihnen meine kleine Auswahl an Gedichten ein wenig gefallen hat und möchte mich ganz herzlich für Ihr Interesse bedanken.

Informationen über weitere Veröffentlichungen mit kostenlosen Leseproben - bisher sind es insgesamt 15 Bücher - finden Sie auf den bekannten Buchportalen im Internet sowie auf meiner Homepage unter

http://raimunds-schmoekerkiste.jimdo.com/

Werfen Sie doch einfach mal einen Blick in meine Schmökerkiste und schmökern Sie ein bisschen in meinen Tatsachenromanen, in heiteren und besinnlichen Werken und in Büchern, die sich mit Fragen über den Sinn des Lebens sowie über ein Weiterleben nach dem Tod beschäftigen. Ich würde mich jedenfalls über einen Besuch von Ihnen sehr freuen.